꽃 피는 날에

꽃 피는 날에

이수옥 시집

月刊文學 출판부

| 시인의 말 |

명강의로 문학에 눈뜨게 해주신
맹문재 교수님께 진심으로 감사합니다.

첫 시집 『은빛 억새처럼』 해설에서
시인으로 클 수 있는 자신감을 주셨던
정유지 문학평론가님께도 진심으로 감사합니다.

글을 쓴다는 건 외롭지 않은 행복, 시인의 길
2022년 여름
이수옥

차례

꽃 피는 날에

고향 고갯마루

어머니 손잡고 넘었던 옛 고갯길
작은 심장 조여들게 했던 수많은 전설은
무시무시한 장군 같았던 거목(巨木) 때문이었지
그 느티나무 지금도 고향 고갯마루 서 있네

앉은뱅이 패랭이꽃 고개 숙인 땅나리꽃
흐드러지게 피었던 찔레꽃 어디가고
쓸쓸한 어머니 깊은 잠에서 깨어나지 않으시니
쓸쓸한 고향 고갯마루
눈에 아른거리는 그리운 얼굴 어머니

지리산 산길

나무가 많고 물이 많은 지리산의 품이
얼마나 큰지 걷다보면 전라북도
경상도인가 싶으면 전라남도다

지리산은 나무숲이 참 좋다
물이 많아 가는 곳마다 작고 큰 물줄기가
가까이서 또는 아득히 숲 깊은 계곡 물소리
산중에 음악처럼 들려온다 산새들 노래도

한 발 한발 걷다보니 달궁계곡 지나
뱀사골 진분홍 철쭉 수달래가 화사하게 방실방실
산행의 피곤함을 잊게 하네
뱀사골 삼십 리 마한의 효왕 피난살이
옛 설움 흘려보낸 자리
물살 오른 꽃분홍 새색시 수달래가
봄바람에 한들한들

아침 바다 해맞이

흰 포말 일으키며 머나먼 바다에서
달려온 파도가 모래밭에 쏟아놓은 바닷물이
쪼르르 파도 따라 다시 바다로 돌아가는 건
두고 온 넘실대는 고향 바다 그리워서다

방파제에 부서지는 파도소리 새벽 깨우며
여명 속 수평선 멀리 솟아오르는 일출
아침 바다 붉게 물들어 해무 피어오르고
바다와 해는 한 몸 되어 눈부신 사랑으로 입맞춤
황홀한 아침 시간 오메가 시계 수평선에 걸렸네
만선의 고깃배 따라 갈매기 춤추는 명성도 앞바다에서
환호성으로 해맞이 행운이었네

동강할미꽃

산기슭 절벽 바위틈
봄 햇살 온기에 그리움으로 피는
슬픈 추억의 자줏빛 동강할미꽃

푸른 동강 물줄기 강나루
기다림에 길들여진 빈 나룻배 봄 햇살 내려와
빈자리 채우니 지나가는 바람마다
심심하지 않게 흔들어 주네

봄이면 동강은 더 깊고 푸르러질 때
영월과 평창 정선에서
동강할미꽃 만날 수 있다

허리 반듯하게 펴고
강원도 동강을 고집하는 동강할미꽃
강물이 너무 푸르러 가슴 저리는가
굽이굽이 산자락 돌아가는 동강 따라 세월도 흐르네

세월

오는가 싶으면 저만치
달아나는 게
세월이고 인생이다

그리움 그건
바람결 같은 것이지
제멋대로 왔다가는

열정으로 흘린 땀방울
괴로움으로 흘린 눈물
그 또한 삶의 한 부분
다 흘러가는 것이다

눈 깜짝할 사이
도둑맞는 나의 시간들

영월의 산

한 고개 두 고개 넘어 또 고갯마루
오르내리기 몇 번인가 영월의 산
동강 바라보며 비운의 단종 생각하였네

단종이 동강을 내려다보며 통곡했다는
큰 소나무 아래 너럭바위 지금도 그 자리
그대로 움직이지 못하고 앉아 있네
어언 몇백 년 지났건만

겹겹 끝없이 펼쳐진 산 아래
그 혼백 바람 되어 떠도는가
한숨소리 들리는 듯 스산한 바람소리
덧없는 세월 강물따라 굽이쳐 흐른다

현충원 봄

유월의 동작 국립현충원
순국선열 잠든 호국영령 묘역
묘비마다 새겨진 이름
짤막한 사연 전사한 장소 조국 위해 바친
숭고함 어느 병사의 모습이
어느 장교의 모습이
영화의 한 장면처럼 스쳐가네

어느 묘비에 새겨진 쓸쓸한 글귀
뿌옇게 눈앞 흐려지고
세월의 아픔이 가시처럼 찔려오네

철쭉꽃 영산홍 흐드러지게 핀 꽃길
봄바람 화려한 햇살
새색시처럼 고운 풀꽃들
그 아름다움도 슬프게 보이는 건
그리움이 커서네

묘역 묘비 넘나드는 무심한 까치

꽃밭 나비의 춤 평화로운 현충원의 봄
순국선열 호국영령들이 지켜낸 대한민국
그 고마움 어찌 잊으리

경주의 봄밤

낯설지 않은 경주의 대능원 담장 따라
만개한 벚꽃 천년고도(千年古都) 경주의 봄밤
잠들어 있는 옛 왕 살아서 누렸던 부귀영화
혼백(魂魄) 되어서도 그 영화를 누리는가

고분 동산 밝혀주는 조명등
희디흰 백목련 안개 속에 피어
옛 신라의 신비를 보여주네

천마총(天馬塚), 황남대총(皇南大塚), 미추왕릉(味鄒王陵) 고분 20기(基)
구석구석 마음에 안 드는 곳이 없는 아름다운 경주
계림과 첨성대(국보 제31호) 대능원 반월성 안압지
불국사 석굴암(국보 제24호)
옛 신라 유물 경주의 문화유산 세계인들에게 자랑하고 싶네

선덕여왕의 혼백인가
순백의 백목련 아름답기가 눈이 부시네
첨성대 백목련 대능원 백목련

경주 남산 명품 소나무하며 삼릉의 아침 햇살
새색시 같은 진달래 얼마나 아름다웠던가

코로나19 사태

애교스러운 꽃샘추위가 다녀간
벚나무 가로수길 꽃잔치 취소되었다는 소식
무수히 흩날리는 꽃비는 눈물이었네

사계절 아름다운 우리나라가
악성바이러스 코로나19와 전면전이라니
늘 걷던 길도 낯설기만 하네
범죄자 아닌 선한 사람들 얼굴 가린 마스크
평생 살아온 내 나라가 아닌 것 같아
낯설어 고독이 몰려왔네 심장이 조여들었네

여름날의 긴 장마 지나가고 찾아온 가을이건만
코로나 신종바이러스와 전쟁 끝나지 않아
피난살이 하듯 하루하루 위험 무릅쓰고
외출, 일 보며 장보기 하며 삼시세끼 챙기며
건강 지키기 바빴네, 가족의 건강 나의 건강

꽃무릇

한 줄기 꽃대 하늘로 치솟아
폭죽 터트려
고독한 불꽃으로 피었다

같은 뿌리를 둔 잎과 꽃이
서로 만날 수 없으니
슬픈 영혼 전설의 꽃

절집 뜰 여기저기 붉디붉은
선홍빛 꽃무릇
꽃말은 참사랑이라 한다

인생에 대하여

쉼 없이 돌고 도는 지구에
수많은 생명체 이별과 만남은
숙명이고 필연적인 것
포근한 어머니 뱃속 떠나온 순간
첫 이별이었으며 새로운 인연(因緣) 반겨 주었지
괴로움 지나는가 하면 기쁨이 오고
수레바퀴처럼 돌고 도는 지구와 정 깊어가네

이별 없는 인생 어디 있던가
서산마루 걸려있는 석양이 배웅해주면
나에 인생 열차는 종착역
지금 어디쯤 달리고 있는 걸까
고장 없이 달려주니 고마운 일이네

햇빛 달빛 별빛 바람 잡초에서 보잘것없는
돌부리까지 한 번도 같은 느낌은 아니었지
환생(還生)이 있다면 환생하고 또 환생하는 거겠지
믿고 싶은 윤회설(輪廻說)

온종일 구름에 가려 회색빛 하늘
주택가 골목골목 거리에 부는 바람이 꼭 가을 같은 날
눈에 보이는 것 들리는 것 참 좋았다
나뭇가지에서 나뭇가지로 넘나드는 새들도 있고

섬진강변 봄나들이

섬진강 꽃구름 펼쳐진 풍경은 매화 때문이다
섬진강과 도로를 사이에 둔 화개장터는
옛 향수 정겨운 재래시장(在來市場) 풍경이다
해마다 매화축제 꽃 잔치 사진촬영 그림그리기 글짓기
전국에서 모여드는 상춘객 섬진강 축제

하동 평사리
섬진강 물줄기를 곁에 두고
농토는 기름지고 마을은 아늑하다
넓게 펼쳐진 논과 밭 내려다보이는
언덕에 자리한 고택과 초가마을
최 참판댁 무남독녀 어린 서희가 겪었을
고난의 길이 고독이 왠지 남의 일 같지 않았네

조각보처럼 펼쳐진 들녘에 두 그루의 소나무
농토(農土) 지키는 수호신 같았지 부부송
병풍처럼 펼쳐진 앞산 뒷산이
한 폭의 아름다운 수채화를 그려낸다
박경리(朴景利) 장편소설 『토지』
평화롭고 아름다운 고장 평사리

유월의 수섬

유월 태양이 쏟아내는 열기에
삘기 머리카락 하얗게 빛바랬다

갯바람 불어와 풀잎 사이
장난스레 스쳐가는 은빛 물결 황혼 사랑인가
하얗게 핀 삘기꽃 씨앗 품고 춤추며 날아가네

모래톱 군데군데 질퍽한 습지 갯벌이었음을
고집하고 싶은 섬이 아닌 수섬
갯바람 달려와 넓은 초원에 머물다 가네
서두를 일 없는 누렁소 게으른 하품
느릿느릿 되새김질 평화로운 수섬

갯벌이 육지가 된 넓은 초원(草原)
누렁 소 사진과 초원의 풍경
화보(畵報)에 오르며 유명해졌다 화성의 수섬

주작산의 봄

진달래 꽃봉오리
개화(開花)시기를 못 맞추었나
4월에 꽃샘추위 심술 사납네
찬서리에 꽃잎 반은 동상 걸리고
반은 아침 햇살에 살아나
방실방실 눈부신 아름다운 주작산 봄 풍경

바위가 많아 험한 산길이지만
꿈속인 듯 일출 맞이 아름다운 주작산 낙원이었지
산골짜기 골고루 퍼지는 황홀한 아침 햇살
살포시 눈 뜨는 진달래꽃 연분홍 새색시 같네

산오이풀꽃

덕유산 중봉 늦여름 햇살 따갑긴 해도
짙은 여름향기 산오이풀꽃
산등선 넘어 달려온 산바람이 흔들어대자
자지러지게 쓰러졌다
다시 일어서기를 수없이 하고 있다

해뜨기 전 여명의 구상나무군락지 울퉁불퉁 돌길
찬이슬 젖은 풀잎도 겁 없이 산길 걸었네
향적봉에 중봉에 무리지어 핀 여름향기 산오이풀꽃
도시에 살면서 유년의 풀꽃 얼마나 그리워 했던가
훗날 더 나이 들어 이 순간을 가슴 저리도록 그리워 하겠지
덕유산의 햇살, 바람, 오이풀꽃, 이름 모를 산꽃
산오이풀꽃에 붙여진 꽃말
존경, 변화, 애모 이 또한 얼마나 설레게 하는 꽃말인가

봄 길에서

부드러운 촉감의 유혹
자주 밖으로 나가 보네요

약속은 없지만
그 장소가 어디이든 상관없어
아련히 밀려오는 그리움 안고
산길들길 뒷골목 공원길 쏘다니네요

바람났다는 게
이런 들뜬 마음인가 봐요
유년에도 사춘기에도 그랬고
나이든 지금도 그래요
설레고 마냥 좋기만 한 봄

월류봉에서

월류봉 아래 초강천 유유히 흐르는 여유
그렇게 몇억년을 흘러왔고 흘러가겠지
산과 강 아우러지니 명승지 되어 사람들 발길 끊이지 않네

우뚝 솟은 산봉우리 소나무 바위 절벽 아래
물비늘 반짝이는 초강천 윤슬이 보석 같았지
월류봉 산자락 돌아 굽이굽이 흐르는 물줄기
그 수려한 경관 절경에 달도 쉬어갈 법하지

한천정사(寒泉精舍) 옛사람은 안 보여도
조선시대 한 선비의 흔적 아직 남아있어
사람은 가고 없어도 그 이름 영원한 걸 보았네
우암(尤菴) 송시열 선생의 흔적

은빛 잔잔한 물결
한천팔경 아름다운 경승지에서 사람으로 태어난 행운에 감사했지
머리카락 헝클어놓고 달아나는 장난꾸러기 바람 따라
뜬구름 따라 정처 없이 따라가고 싶었네

소크라테스 소문

철학자이며 시인 소크라테스
그를 밖으로 나돌게 했던 그의 못 생긴 악처가
소크라테스를 고독한 남자로 만들었고
그는 더욱 빛나는 철학자가 되었다는 소문
집 밖의 그를 따르는 수 많은 제자들

가정에 무관심한 소크라테스 때문에 그 부인이
더욱 독한 악처가 되었다는 소문도 있지
환경이 사람을 변화시킨다는 사실…

우주 닮은 이 한 몸

하루해 뜨고 지는 것과
다를 바 없는 작은 이 한 몸
우주(宇宙)를 닮아 혈관 타고 흐르는
뜨거운 피 돌고 도네
한세상 살다가는 인생
반은 그리움
또 다른 기다림의 세월
지구(地區)와 정도 깊어가네

설악산 첫눈

가을빛 고운 설악산에
모두 잠든 밤사이 살짝 뿌려주고 간 첫눈이
첫사랑 같은 설레임으로 잔잔한 감동이었네
오색그린야드 호텔 5층 창밖에 겨울이 내려앉았다
산등선 따라 밤사이 하얗게 옷 갈아입은 설악산

가을의 멋을 카메라에 담기 전
하룻밤 사이 겨울이라니 계절의 길목에
겨울이 기웃거리는 강원도 설악에서
또 한 계절 가는 걸 보았네

오색그린야드 호텔 5층에 짐 풀고
하룻밤 참 많은 이야기를 주고받으며 밤을 새웠지
전날 집에서 급하게 나오며 놓고 온 내 핸드폰
집 걱정은 잊고 결혼생활 중 완전한 자유 행복했네

등하굣길 재잘대던 소녀들
반백 년 세월 얼굴에 새겨진 모습은
나의 모습이기도 하지 고향친구 모임 외박은

결혼생활 중 처음인 듯하다
설악산이 품고 있는 오색온천의 밤을
잊을 수 없을것 같다 정겹던 친구들도

우포늪

우포의 일출 장관이었지
나룻배 사공 홍에 호수 물살도 춤추었고
아침 먹이 찾아 비상하는 철새들
끝 보이지 않는 넓은 늪지대
희귀 동식물의 서식지 낙원이네

비구름 안개비 여름 햇살과 소나기 바람
변화무쌍한 청정지역 우포늪
병풍처럼 정겨운 주변의 산
호수의 나룻배 사공 아름다운 풍경화다

사계절 아름다운 우포늪
몇 번째 가서야 우포의 일출 담아왔네
지난 해는 안개 속 갇혀서 헛걸음 했고
우포늪 갈대숲 여름 장마에
쓰러진 마른 풀뿌리 줄기 서로 엉키어
징검다리 건널 때 나그네 발목 잡아 넘어질 뻔했지
기다림과 그리움의 세월 많은 시간 흘려보낸
신비의 우포에서 추억 남기며

여행 메모

경산에서 청도로 가는 길가
울타리 없는 복숭아과수원 복사꽃
방실방실 아름다워 한동안 바라보았네

낯선 길에서 마주하게 되는 산꽃 들꽃
이름 모를 수많은 식물 그리고
신선한 바람의 촉감
아름다운 자연이 주는 행복에 배낭여행을
좋아하는 이유이기도 하지

길 나서면 시계도 안 보고 해질녘까지
걷고 또 걷고 언제나 아름다운 추억
자연에서 얻어지는 선물이다

그렇게 기다려 놓고 꽃이 지도록
손 놓고 보내는 봄인가
하룻밤 비바람에 꽃은 다 가버렸네

늙어간다는 건

허리띠 조이며
내 가정 웃음꽃 피운 애국이었네
가난에서 벗어나는데
나도 한몫 했으니 근면성실로

늙어간다는 건 성숙이 여물어
가을걷이 하듯 인생도 그런 거지

검은 머리 서리꽃 피어도
좋았던 추억 몇 가지면
황혼길 웃음 지을 수 있을 것 같네
대대 이어줄 후손은 남겼으니

3월의 꽃

햇볕 잘 드는
정원 한쪽 매화나무 한 그루
산수유나무 한 그루
환한 봄 열어놓았네

눈부신 산수유 꽃망울
살포시 눈 뜨는
작디작은 노란 꽃
금가루 뿌려 놓은 듯

겨우내 적막했던
아파트 정원 환해졌다
나뭇가지마다 팝콘 터지듯
하얀 미소 방실방실
매화의 유혹

우포의 봄길

봄 햇살에 반한
나뭇가지 작은 꽃잎 방실방실
매화 너는 수줍음 많은 봄 소녀 같고
길손 나는 봄꽃에 반했다

예전 그 흔하던 할미꽃
어디 갔나 했더니
무덤가 슬픈 추억 잊고
우포(牛浦) 촌가(村家) 뜰에
꼭꼭 숨어 피었네
등 굽은 정겨운 할미꽃

시골집 돌담장 아래
혼절한 붉은 동백꽃잎
피고지고 세월 흐르고
동백기름 쪽머리 할머니가 들려주었던
옛 이야기 동백의 전설 아는가

수줍음 많은 작은 아이

냉이꽃, 꽃다지, 풀꽃은
유년의 소꿉친구였지
다시 돌아갈 수 없는 그 시절
할머니가 어머니가 그리웠다
우포의 봄길에서

복사꽃 피는 날에

햇살 사랑에
수줍어 붉어진 복사꽃
잉태한 사랑 한낮의 더위쯤이야

과수원길 복사꽃에 반해
가던 발걸음 멈추고 카메라에 담았네
모델 되어준 경산의 복사골 새아씨 복사꽃

산 넘고 호수를 지나 한적한 산촌
경산에서 청도로 가는 길목에서
산비탈 수놓은 복사꽃 분홍빛 사랑
보약 같은 햇살이 고마웠네

2월의 기도

—남편의 건강 기원하며

성당 다녀오는 길
물오른 2월의 나뭇가지마다 연푸른빛
죽어가는 것들도 살려내는 새봄이다

반가움에 나도 모르게
흐르는 감사의 눈물

극한의 겨울을 넘긴
어쩌다 보이는 파릇한 풀포기처럼
이 세상의 모든 생명체는 봄날의 새싹처럼
새로운 기운 받아 다시 일어서게 하소서

경주 대릉원 백목련

새하얀 꽃등 4월 목련꽃
천년고도 신라의 봄밤 옛 왕은
살아서 누렸던 부귀영화
혼백(魂魄) 되어 그 영화 이어지는가

고분 동산 희디흰 백목련
조명등 불빛에 방실방실
머언 길 달려온 나그네 발자국
카메라 셔터 돌아가는 소리 듣고 있는 걸까

자욱한 새벽안개 속 홀로 찾은 대능원
유적지 옛 유물(遺物) 흔적 따라 발자국 남기며
안개 속 걸었네, 신비 속을
호기심과 두려움과 설렘으로

발걸음도 가볍게

낯가림 심한 나에게 새로운 시작
강의실 낯설던 사람들도 이제 편해졌다
미완성 다듬어 가는 길
몇 정거장 거리 주택가 지나 뒷골목 걷다보면
재래시장 옛 풍경 정겹다

걸으며 사색하고 혼자 웃고
생각해 보면 웃을 일 얼마나 많은가
사지(四肢) 멀쩡해 어디든 갈 수 있고
자유도 적당히 누릴 수 있는 여유

말로만 듣던 먼 나라
미국에서 날아온 임명장 초청장
사진 덕을 보았다
집으로 가는 길
내 친구 카메라 생각에 발걸음도 가볍게

입하(立夏)

초록빛 짙어가는 입하(立夏)에
빈자리 없이 채워지는 식물들의 향연
어느새 사랑을 잉태했는지
초록 모자 쓰고 온 작은 열매

한낮의 햇발은 초여름
아침저녁은 꼭 가을 같은 날씨
이때쯤 시골에 가면 어린 벼포기
논물에 발 담그고 햇볕 고마움에 팔 벌려
초록 물결 일렁이는 평화로운 들판
농부은 손길에 무럭무럭 자라는 벼 포기

세월호

2014년 4월 16일 오전 8시 50분 경 세월호 침몰 시작
18일 세월호는 완전히 전복 침몰했으며
탑승 인원 476명 중 295명 사망 9명 실종

뉴스도 오락프로도 노래도 드라마도
정치 이야기도 다 흥미 잃었다
세월호 침몰 참사(慘事) 잔인한 4월, 2014. 04. 22.

메마른 농토 적셔주는 반가워해야 할
봄비련만 슬프다
창밖의 희색빛 하늘도 나뭇잎에 맺힌 빗방울도
젖은 아스팔트도 빗물 눈물로 젖어 흐른다

젊음의 꽃, 피지 못한 단원고 학생들
거대한 세월호는 괴물이었지
그해 지리산 자락 노랗게 꽃물들인 산수유 슬펐다

세월호 참사(慘事)
벌써 2년 지나가고 있지만 희색빛 하늘
무심한 봄꽃 피고지고 덧없는 세월 야속하네

6월의 동작 현충원

양지바른 언덕 호국영령들
묘역 말은 없지만 수많은 사연들
빼꾸기도 애절하게 울다 가네
묘비 넘나드는 까치 무심도하지

능수벚꽃 가지
흔들어 놓고 스쳐가는
바람결 1950년 6월
그해 그날에도 바람은 불었겠지
고향의 부모 형제 그리워
흘렸을 눈물이 마르도록

젊음을 바친 애국(愛國)의
피눈물 전쟁의 상처
아려오는 아픔 고개 숙여 묵념
호국영령들 뜻 헛되지 않게
간절히 기도하였네

자원봉사자와 장병들 행사 준비

스피커에서 울려퍼지는
가곡 비목 애절하다

지하철 9호선 5호선
장터 방불케 하는 동작역
수많은 참배객들 6월은 호국의 달

천년의 신비

천년 잠들어 있는 신라의 옛왕
살아서 누렸던 부귀영화
혼백(魂魄) 되어서도 그 영화 누리는가

옛 왕비의 넋이
백목련으로 환생하여 피었나
희디흰 귀티 흐르는 우아한 꽃
조명등 빛에 눈부시다

첨성대 백목련 대능원 백목련

설악산 토왕성폭포

전망대 오르는 천개의 계단 정상에 올라
하늘에서 내려오는 긴 물줄기를 보았네
45년 만에 개방된 설악의 토왕성폭포
거대한 바위산에 그려지는 긴 물줄기는
주변의 병풍처럼 펼쳐진 석가봉 노적봉 문주봉
보현봉 문필봉이 웅장한 모습으로 몇억 년을
그 모습 그대로일까

거대한 바위벽 타고 흐르는 3단의 물줄기가 절경이네
총 길이 320m 긴 폭포 물 떨어지는 소리가
웅장하게 메아리로 산중에 울리고 토왕골
흘러 비룡폭포 육담폭포와 합류 쌍천으로 흐른다 하네
자연이 만들어낸 거대한 바위산 미끄럼 타고 내려오는
설악의 3대 폭포 중 하나로 신비의 신광폭포는
설악동 명승 제96호
바위 능선이 신비스러워 폭포 줄기가 신비스러워
산길 물길 따라 마냥 걸었지 가을 설악산에서

봄맞이 섬진강

푸른 물빛 섬진강 매화 동산
긴 잠에서 깨어나 부드러운 흙과
봄바람이 꽃 피우네

섬진강 매화 보지 않고
어찌 봄을 만났다고 할 수 있을까
섬진강까지 꽃물 들인 꽃구름 섬진강 매화
강바람 봄바람 풋풋한 봄 냄새
지리산 정상 하얀 잔설 남아있어도
아랫마을 산수유 꽃 황금빛 물드네

가을비

밤사이
흠뻑 젖은 가로수 나뭇잎
길바닥 혼절해 있네
이별의 눈물인가
흥건히 젖은 새벽길

계절의 길목

이별이 나뒹구는 가로수길
쓸고 또 쓸어
이별의 흔적 닫아주고 있네
미화원 아저씨 지나간
말끔해진 자리
한 계절 또 가고 있네

봄여름 그리고 가을 머물던 자리
하얀 겨울이 또 지나가겠지

지금은 촬영 중

순간의 빛을 물체를
카메라에 담아야 하는
숨소리조차 조심스러운 순간
주머니 속 전화 벨소리

우포 호숫가에서
해뜨기 기다리는 순간
카메라와 같은 곳 바라보고 있는 나에게
계속 보채는 벨소리

무언가에 빠지면 하나밖에 모르는
바보 같은 여자라면서 남편님은 잊으셨나 보네
사진촬영 중에는 하지도 받지도 않는 손전화기

앉으나 서나 그대 생각
아니 카메라 생각 뿐 지금은 촬영 중입니다

꽃이 지는 날에

고고한 아름다움 어디가고
자존심은 버렸나
노숙의 빛바랜 초라한 꽃
꽃이 늙어가는 건 정말 못 봐주겠다
그래도 대대 이어 줄 씨앗 남겼으니
꽃인 너도 사람인 나도
한세상 잘 살다가는 훈장감 아닐까
꽃이 지는 날에

코로나 시대에도 꽃은 피고 지고 피네
지지난 해 코로나 없는 봄 여름 가을
꽃과의 교감 행복이었지
뜨거운 여름도 꽃이 있어 아름다운 계절

달빛

달뜨는 밤이면
계수나무 아래 방아 찧는 토끼 찾아
동심의 어린눈은 달속에서 놀랐지
수많은 희망을 꿈꾸며

세월 흘러 변하고 변해
달나라에 지구인 흔적 남기더니
우주(宇宙)를 천체(天體)를 넘보고 있다
달빛은 예나 지금이나 변함없건만

늦가을 풍경

우포늪 새벽길에
대구 달성공원 도동서원 은행나무 아래
월류봉 한천팔경 강가에 바람이 불었지
바람을 좋아하는 내 마음 얼마나 들떴는지
거리에는 계절 바람이 흐르고 있어
지치도록 걸었네 자연과 교감(交感) 행복이었지

찬바람에도 애교스러운 햇살
들국화도 피어있네 입동 지났는데도
거리에는 가을 기운이 흐르고 있어 가을 꼬리를 잡고 있었지
갈바람이 나뭇가지 흔들어 서둘러 떠나라 한다
사각사각 분주히 움직이는 속삭임
가을 이별의 노래

눈물이란

참 묘하지요 조금이라도
여유로울 때
흐르는게 눈물인가 합니다

가끔 홀로 배낭여행에서
자연과 함께할 때 감사와
행복에 겨운 눈시울 젖곤 하지요

슬픔이 크면 눈물은 숨어버리고
기쁨이 클 때 감격의
눈물은 흘러내립니다

미풍의 봄바람과
따사로운 햇살과 또는 황금빛
가을 들녘에서 산길에서
행복에 겨운 눈물이 흘러내리곤 합니다

길 위에 행복

늘 그 자리 그 길인데
잔걱정 한고비 넘긴 오늘따라
참 평화롭다 아무 일 없는

꽃구름으로 치장한 여의도 윤중로
구름 많고 비 내린다는 일기예보
3일간 우중의 꽃 견디어 줄까

햇살 쏟아지는 오후
조각구름 몇 점 하늘에 떠다니고
바람이 활보하는 거리를
추억과 희망과 설렘으로 걸었네

마음 비우는 일

지구온난화 탓인가
이러다 사계절 균형 잃으면
무슨 재미로 살지 기다림 없는 삶은
메마른 사막과 같은 것

그리움 그건
바람결 같은 거지
제멋대로 왔다가는

살림살이 살찌울 때
내 아이들 제 앞가림 잘할 때
자연과 함께할 때
부러울 게 없는 행복은
비우고 또 비우고 마음 비우는 일

한계령

한계령에 서면 한눈에 들어오는 산 산 산
그 너머 태양이 떠오르는 넓은 바다가 있지
강원도 여행은 또 다른 꿈을 주며 희망을 주기에
그리움의 한계령 되었네

봄 여름 가을에는 수채화
겨울이면 수묵화 그려내는 변화무쌍한 날씨
산비탈 마른 풀포기 뿌리 인내로
봄이면 겨울잠 깨어 작은 요정 같은 산꽃 핀다
비 바람 구름과 나그네 쉬어가는
희망과 추억 그리움 있는 곳 한계령

계절마다 다른 느낌으로 설렘
에너지 충전 삶을 여유롭게 하기에
살아 움직일 수 있는 그날까지
1년에 한두 번이라도 한계령은 꼭 다녀 가리라

하회마을

하회마을 부용대 오르니 발아래
급할 게 없는 낙동강 물길
구불구불 느리게 뱀처럼 흘러간다

태백 황지연못이 고향인 낙동강
늦가을 찬바람 불어대는 하회마을 강변 모래밭
뱃사공 없는 빈 배만이 심심하지 않게 흔들리고
하늘빛 강물에 흰 조각구름 두둥실
정처 없이 흘러 흘러가네

강변 갈대밭 바람 소리 나그네 발소리에 놀라
무리지어 날아가는 철새들의 군무
늦가을 찬바람 불어대고 석양빛 붉은데
낙동강변 둑길 단풍 든 가로수 잎 우수수
떨어져 흩어지네 하회마을

꽃이 있어

방긋방긋 분꽃이
곱게 화장을 하고 아파트 화단에서
반겨주는 퇴근길

해 지면 피는 달맞이꽃도 있지
밤새도록 달맞이 하고
해뜨는 아침 수줍어 고개 숙이는
달빛 닮은 달맞이꽃

부엌 뒷문 열면 장독대
백일홍 채송화 유난히도 고왔다
화초를 좋아하셨던
아버지는 과수원 빈자리에
노란 달맞이꽃도 심으셨지

꽃이 있어 참을 수 있는
여름날 더위 쯤이야

꿈속의 고향

부엌 뒷문 열면 장독대 채송화 백일홍
유난히도 고왔다 밭일 하다가 때 되면
할머니 아버지 밥상 차리던 어머니의 온화한 모습
화초를 좋아하셨던 아버지는
과수원 빈자리에 노란 달맞이꽃도 심으셨지

새벽이슬 발목 적시던 과수원 묘목 사이 오솔길 풀냄새
다시 돌아갈 수 없는 시절 가슴 저리도록 그립네
어머니 마지막 집 떠나시던 그해 꽃은 피고 지고 했는지
가시던 그 길 꽃길이었을 거야 봄 제사 어머니

할 일은 많고

창창한 젊음은 다시 오지 않는
아름다운 시절
작은 바람결에도 흔들리는 건
꽃이나 사람이나 같은 것

화무십일홍(花無十日紅)이라 했던가
할 일은 많고 인생은 짧고
지구와 정 깊어가네

화엄사 가는 길

지리산 계곡 물소리 졸졸졸
화엄사 도착할 때까지 이어져
혼자 걷는 길도 심심하지 않았네
각황전 뜰 삼백 년 넘은
귀티 흐르는 나무둥치 하며 작은 꽃
감히 어느 나무가 흉내라도 낼 수 있을까
꽃 나비 되어 무수히 흩날리는 빨간 꽃잎
산사를 수놓아 봄빛으로 물들이네

지리산 자락 화엄사 찾아가는 길
고생했지만 순간 순간들 아름다운 추억
다시 그리움으로 돌아와 설레게 합니다
음력 1월말이나 2월초 양력 3월초
꽃망울 터지는 화엄사 홍매화

하지(夏至)

봄꽃 질서 없이 한꺼번에 피었다 가더니
봄 향기 취해보기 전 사라진 봄날
어느새 녹음 짙어가는 초여름
지구온난화 때문인가
초록색 덧칠해 놓은것 같네
1년 중 낮이 가장 긴
밤이 가장 짧은 날 하지(夏至)에는
하지감자 요리가 으뜸

바람의 유혹

창문 흔들어대
유혹하는 건 바람이네
요리하다 설거지하다 흔들리는 내안의 역마살
눈치 빠른 시선이 먼저 달려나가네

강바람 산바람 들바람 바닷바람
바람 따라 마음은 대륙 어느 곳에서
또는 삼대 해양을 둘러보고
알프스 산맥 어느 산길을 걷고 있네

기억해 보면 걸음마 때부터 바람을 좋아했지
바람 따라 어디든 가고 싶었으니까
베란다 햇살은 봄볕인데 거리의 찬바람은
아직 겨울인데 자꾸 창문 두드리며
기웃거리는 바람의 유혹

덕유산 중봉

한발 한발 걷다보니
덕유산 향적봉 중봉 오르내리길 몇 번
힘들이지 않고 얻어지는 게 어디 있을까

대피소에 짐 풀고
중봉 저녁 햇살 저녁 바람에
쓰러졌다 다시 일어서기 반복하는
산오이풀꽃 몸살나겠네

잠 설친 대피소의 하룻밤
풀벌레 애잔하게 울어대는 평상에 앉자
별빛사이 유난히 빛나는 7형제들
얼마 만인가 북두칠성

중봉에서 해맞이 여명의 어두운 산길도
정상 향하는 내 마음 막지는 못 하였네
산허리 휘감은 운해 한 폭의 아름다운
수묵화 그리고 있었지
뭉쳤다 흩어지는 요술사 같은 뭉게구름
수줍어 붉어진 덕유산 산오이풀꽃 고개 숙이네

황매산

새벽 안개비에 젖은 황매산 산길
사람 키 훌쩍 넘는 철쭉나무 사이 휘젓고 다니며
예쁜 철쭉 만나려고 우리 일행은 흩어졌다 다시 모이고
카메라에 황매산 담기 바빴네

눈부신 아침 햇살 분홍빛 황홀한 미소
철쭉꽃 반하도록 아름다웠다
멀리 또는 가까이 애절하게 부르는 뻐꾸기
아득한 옛 그리움 몰려오는 황매산
햇발과 바람과 철쭉꽃 군락지 낙원이다

봄이면 철쭉꽃이 가을이면 억새가 아름다운 산
인기 드라마 〈미스터 선샤인〉에서 억새밭 은빛물결
설레는 아름다운 황매산이었지
경상남도 합천군과 산청군에 걸쳐 있는 산

구례 배낭여행

용산역 여수 엑스포행 막차 타고 달려간 구례구역 새벽 3시 3분

예정시간 조금 지나 도착했다

지리산 자락 화엄사 홍매화 찾아간다는 일이 쉬운 일 아니란 걸 알기까진 오래 걸리지 않았다 기차에서 내리는 첫 손님 태워 구례고속버스터미널까지 데려다 준다는 순환버스가 동절기는 새벽 운행 없고 5월부터 11월까지만 운행한다는 걸 구례구역 도착해서야 알았다

해뜨는 시간 화엄사 홍매화 만나고 싶었는데 기대 어긋나 난감했다

이른 새벽 기차역 대기실은 조용하고 따뜻해 창밖을 내다보며 한 시간 정도 서성이다 안 되겠다 싶어 배낭 메고 길 나섰다

인터넷 검색으로 얻은 정보만 믿고 태어나 처음 발자국 남기는 낯선 곳에서 첫 버스를 기다리는 시간은 지루함 보다 해뜨기까지 몇 시간이 아까웠다

여명의 새벽 방향감각 잡을 수 없어 망설이다 이정표 보면서 걷기로 했다

심야 택시비 아끼려고 걷다 보니 가로등 없는 시골길 어두워 이정표 잘 안 보이고 지나가는 행인 없어 머리카락 곤두서

는 듯 소름끼치도록 무섭고 간간이 보이는 총알택시도 무서웠다

얼마를 걸었는지 농가 지날 때 새벽을 깨우는 첫닭 홰치는 소리 개 짖는 소리가 반갑게 들려왔다

음력 보름인지 둥근달 떠 있어 바삐 걷는 중에도 자주 새벽하늘 올려다보며 달이 계속 따라와 주는지 확인했다

한참을 따라오던 달도 안 보이고 뿌옇게 날이 밝아오며 시외버스터미널이 새벽안개 속 바다에 떠 있는 섬처럼 보이기 시작했다

코로나 시대

유난히 뜨거운 불볕더위 2021년 여름
날씨가 미친거지 체감온도 40도라니
악성바이러스 코로나 시대
날씨마저 뜨거운데 마스크로 코와 입 막고 있어
숨쉬기도 답답해 지옥 같은 여름

삼시세끼 챙기며 남편건강 내 건강 챙기며
코로나19로 괴로운 날들 2020년 2021년
백신접종 끝내고 코로나 사태 끝나기 기다리며
파란하늘 뜬구름 몇 조각 따라 가고 싶네
아련한 옛 시절 그립네 햇고추 손질하며

화엄사 홍매화

세월에 다져진
나무둥치 흐름하며 고고한 자태
감히 어느 꽃이 흉내라도 낼까
작고 고귀한 아름다운 홍매화

천년 고찰(古刹) 각황전 뜨락
작은 꽃잎 봄 바람결 간지럼에
꽃 나비 되어 무수히 흩날리네
피고 지고 다시 피기를 몇백 년
붉다 못해 검붉은 화엄사 홍매화

황간 시골길

월류봉 가는 논둑 밭둑 시골길 좋아하는 건
황간과 이웃인 옥천이 생가인 정지용 시인의
향수(鄕愁) 풍경이 떠오르기 때문
영동 황간 가는 시골풍경이 좋아서네

월류봉 산자락 휘감듯
흐르는 초강천 징검다리 잔잔한 물결 건너면
은행나무 몇 그루 나란히 서 있고
월류정 누각 한 폭의 그림 같은 풍경이 동양화 같네

충북 영동 한천정사(寒泉精舍) 우암(尤庵) 송시열 선생
옛사람 안보여도 나무 대문 돌층층대 주변
이름 모를 풀꽃들 햇살과 강바람에 방실방실
한동안 바라보았지 산수화(山水畵) 같은 아름다운 풍경

* 충북 옥천이 고향인 정지용 시인은 1913년 12살 때 결혼. 부인 송재숙은 송시열의 후손이며 영동군 심천면 초강리가 고향.

가을 소식

햇살 사랑에 꽃은 피고지고 피고
예쁜 요정들 방실방실
줄기마다 사랑 주머니 씨앗 여물어가네

애절하게 울어대는 풀벌레 연주곡
풍요 속 허전함 가을은 언제나 그랬지
높아지고 푸르러 청명한 하늘
몸집 키워가는 빌딩의 그림자도
사랑스러운 늦여름

노루귀꽃

마른 낙엽 이불 삼아 긴 겨울 넘긴
부지런한 산 꽃이
수줍은 소녀처럼 곱게 피었다
따사로운 햇살 사랑에 방실방실

꽃샘추위 심술 힘들어도
당당하게 일어서는 작디작은 산꽃 요정들
뜀박질 잘하는 노루가 부러웠나
노루귀 닮은 꽃 소문에
경기도 구름산 찾는 사진가들

마음의 기도

한 번도 같은 느낌의
계절 아니었지 봄 여름 가을 겨울
날씨변덕 심하다지만
수시로 움직이는 사람마음에 비유할 수 있을까

마음으론 안 되는 게 없어
오늘도 별별 상상 다 하며 꿈을 꿉니다

코로나시대에도
계절은 약속이라도 한 듯 변함없이
오고 가고 또 오곤 하네요
언제인가 끝날 코로나시대
흔들리는 삶에 용기를 주소서

두물머리 여름

장맛비 오락가락
엊그제 다녀간 것처럼 느껴지는 시간이
계절이 몇 번 바뀌었다

강물끼리 합쳐 넉넉함으로 흐르는
양수리 강가에서 연꽃 밭에서 느티나무 아래서
강바람에 시간가는 줄 모르고 행복했네

구름 사이 숨바꼭질하는 저녁 해
양수리 강물에도 떠 있네 붉게 물드는 저녁노을
두물머리 연꽃 밭에서 7월의 두물머리에서

두물머리 늦가을

사람들 발길 뜸해진 늦가을
두물머리 홀로 선 느티나무 아래 연꽃은 지고
사공 없는 돛단배 기다림과 고독을 털어내듯
흔들흔들 물살 따라 흔들리네

강물길 따라 뭉게구름 두둥실 흘러가고
철새들 가고 오고 사시사철 아름다운 두물머리
느티나무 홀로 두물머리 파수병 되어
제자리 떠날 줄 모르고 당당히 서 있네

가을에 쓰는 글

가을 놓치면 어쩌나 조바심 하며
서재 한켠 잠자고 있는 카메라 들고 길에 나섰지요
갈바람에 흔들리는 풀포기
낯선 사람들도 반가운 거리의 풍경
하늘이 주는 복(福)인가 햇곡식 햇과일

코로나19 사태에 살인적인 불볕더위
2021년 여름 체감온도 40도 인내심 있게
얼마나 기다려 온 가을인가
가을 햇살이 점령해버린 한낮의 풍경

장영실과학상 아들의 반가운 소식
착하게 살면 복이 된다고 얼마나 고마운 일인가

가을 가뭄

한 계절 다가도록 긴 가뭄에
메마른 대지 위에 서 있기도 힘든 나무는
오색의 가을 옷도 못 갈아입고
떠나는 마음 아파 누렇게 뜬 나뭇잎만 떨구네

나무도 나뭇잎도
허전함 어쩌지 못하고 시름시름
숨어 우는 풀벌레도 이별은 싫은거지
애잔하게 울어대는 풀벌레
다가가면 끊기고 조용히 서 있으면
다시 이어지는 가을 연주곡

봄 처녀

햇발이 다독여
바닷가 해당화 활짝 피어 빨간 꽃잎 열고
노란 꽃술 세상구경하네

바닷길 달려온 봄바람이
꽃 입술에 입맞춤하는 짓궂은 애무에
수줍어 빨개진 해당화

곱디고운 그 어여쁜 미소
바닷가 해당화가 봄 처녀네

비오는 날 자작나무숲

비바람 몰아치는 날
자작나무숲으로 가보렴

긴 허리 흔들흔들 춤추는 자작나무
바다가 그리워 연주를 한다
파도치는 바다의 소리, 쏴~ 철썩

팔랑거리는 작은 이파리들
분주히 손뼉치네
어떻게 알고 바다의 소리를 내는지
자연의 소리 신비롭네
비오는 날은 자작나무숲으로 가보렴

시인이 되어

무엇을 하려면 길 나서려면
꼭 발목 잡는 일 터지곤 하지만
평범한 일상이 행복이란 걸 알게 되었네

아무렇지도 않은 일들이
지나고 보면 가슴 저린 추억 된다는 것을
힘들 때 더 참을 수 있고 주워진 환경에
최선 다하는 건 보람으로 돌아오는 만족이지

단발머리 소녀가 꿈꾸었던 건
허상이었다 해도 짓궂은 운명의 장난이었다 해도
시인 되어 글을 쓴다는 건 축복이고 행복이네

자유시간

가벼운 차림으로 골목시장
백화점 둘러보는 동안 해는 지고
길에 내려앉는 땅거미 가로등 뒤 숨어들 때
높이 뜬 조각달이 참 예쁘게 웃는다

점심 저녁 챙기는 일 없어
시간 넉넉할것 같았던 자유시간이 후딱 지나갔다
누룽지 끓여 놓으라는 늦은 전화
먼 길 나들이에서 둥지 찾아오는 평생지기님
가족이 있다는 건 얼마나 든든한 일인가

돌아올 가족 없었다면
못 견디게 쓸쓸하여 눈물이 났을거야
약간 부족한 듯한 자유가 좋았던 외출

첫눈이네요

하얀 날개 펴고
살포시 찾아오는 겨울 손님
갑자기 맞이하는 만남
소녀인 양 왜 이리 설렐까

활짝 창문 열어
두 손바닥 펴 첫 눈송이 받았네
눈 마중 보고 또 바라보았지

어느새 찬바람 활개치고
창가에 하얀 나비처럼 날아드는
첫사랑 같은 설렘의 첫눈

초여름에

초록빛 짙어가는 신록의 계절
빈자리 없이 채워지는 식물들의 향연
어느새 사랑을 잉태했는지 초록모자 쓰고 온
작은 열매 한낮의 햇발은 초여름
아침저녁은 봄가을 같은 날씨
도로에 자동차들 빌딩숲
나는 도시에 갇힌 길 잃은 한 마리 새와 같네
고향의 파란 들판 그리워 먼 하늘 바라보네

황혼일기

당신이 태양일 때 그 양분으로
둥지 틀고 아이들 낳아 키우고
미래를 밝게 가꿔갔습니다

태양처럼 영원할것 같았던 당신 곁에
약봉지 쌓여갈 때 생명의 위기
넘기길 몇 번인가요

당신만 못 하지만 달빛 같은 힘이겠지만
당신 건강 챙겨 오래오래
함께 살리라 다짐했습니다

이제 당신 곁에 쌓였던 약봉지 없어지고
부석한 얼굴 부기도 없네요
고혈압 신부전증 사라진 관절통
건강한 혈색 부부가 함께 하는 인생길 고맙습니다

길 위에

햇살가득 환해진 한낮의 거리
맑은 하늘 조각구름 몇 점
바람이 활보하는 거리를
추억과 희망과 설렘으로 걷고 걸었네

기분 따라 다른 길
잔걱정 한고비 넘긴 오늘따라
늘 걷던 길이 참 평화롭다
아무 일 없는 평범한 일상

꽃구름으로 아름다운 여의도 윤중로
구름 많고 비 내린다는 일기예보
3일간 우중의 꽃 견뎌 줄까
꽃비가 나비처럼 흩날리는 윤중로 꽃길

미완성

여행가가 꿈이건만 집 주변
벗어나지 못하는 강산이 바뀌는 세월
우물 안 개구리 신세

중년운 복(福) 말년운 역(驛)
전체 운 좌우하는 태어난 시 복(福)
책으로 풀어본 내 사주대로만
살아도 좋으련만

아무것도
할 수 없는 지금의 현실
나의 작품 나의 인생도 미완성

은빛 억새처럼

산이건 들이건 철로변이건
갈바람에 은발 날리며
척박한 환경도 마다 않는 착한 꽃
꽃중에 지는 꽃이 아름다운 건
억새꽃이 으뜸이다

은빛 억새꽃 닮아가는 나
머리에 서리꽃 피기 시작했다
서걱거리는 손가락 마디
얼굴의 잔주름 늘어가도 밉지 않은 건
거친 삶도 마다 않고 일어선 당당함
은빛 억새꽃 닮아서이다

은발이 더 아름다운 억새의 황혼이듯
석양의 고독한 아름다움이듯
나도 황혼이 아름다운 삶이고 싶다

* 승강장 안전문 시(2018년 시민 공모작).

안반데기*

가파른 새벽산길 오르며
거대한 풍차 위를
고개가 아프도록 올려다 본건
쏟아질 것 같은 은하수 때문이었지

초록 배추밭이
달빛에 나란히 줄 맞춘 초록치마 처녀들
밭둑에 핀 흰 망초꽃
노란 달맞이 꽃 아름다워 반했네

풀냄새 풀꽃이 고향의 냄새
안반데기에서 이 순간들도 훗날 돌아보면
가슴 저리게 할 그리움이다

* 해발 1,100m 고지에 위치한 안반데기는 고랭지 채소밭.

백석산 잠두산

야생화가 무더기로 반겨주는 백석산 잠두산
무더기로 핀 야생화 군락지
그 아름다움에 취해 나뭇가지에 이마를 찧고
넘어지고 잠시 산속 길 잃은 미아 되어 방황했네

방실방실 유혹하는 약초꽃 산나물 꽃
처음 들어보는 청아한 산새 노래
고개 들어 쳐다보면 끝없이 펼쳐진 산 산 산
백석산(白石山) 잠두산(蠶頭山) 야생화 천국이다

야생화 군락지 신비의 꽃들
사전에도 오르지 않은 희귀종 색색의 아름다운 산꽃
산 아래 평창강 물줄기가 젖줄 되어주는
누에 닮았다는 잠두산(蠶頭山)
산 정상에 흰 돌 있다 하여 백석산(白石山)

해발 1364.6m—1243.2m정상 오르는 산길
능선 따라 오솔길 대나무 스치는 소리 산길 외롭지 않았네
발목까지 차는 낙엽 스펀지처럼
발의 피로를 덜어주었지 백석산 잠두산

느림보 시간

붙잡아 두고 싶을 땐
쏜살같이 달아나더니

가라 가라 해도
머뭇거리는 너는
게으른 느림보 닮았다

마음대로 못 쓰는
잠자고 있는 내 카메라

청개구리 시간아
코로나 시대 끝은 어디인가
금쪽 같은 내 시간
도둑맞은 것 같아

삼복더위 지쳐있을 때도
기세등등한 동장군 칼바람도 별거 아니었네
악성바이러스 코로나19에 시간도 멈춘 듯
게으른 느림보 닮은 시간

화야산

쪽빛 하늘 한가로운 뜬구름 몇 조각
정상으로 가는 화야산 길
늦여름 햇살 따갑게 태워 짙푸른 잎 새 갉아먹고
피는 노란 마타리, 곰취꽃 이름 모를 야생화
꽃대궁 꽃자루 어디선가 날아와
고산나비 군무 너울너울 춤놀이 낙원이다

산등선 따라 흐르는 산바람
산들바람 타고 어디론가 날아가는 꽃가루
능선 넘어 이웃 뾰루봉이나 고동산까지 날아갈 수 있을까
가다 지치면 화야산 골짜기 터 잡아 뿌리 내리겠지
파릇한 새순으로 봄날 태어날 꽃씨

산골짝 오솔길 따라 계곡물 소리 경쾌하게
메아리치다 돌아오고 산그림자 길게 내려앉는 산길
태양과 구름과 바람이 피어 낸 노란 산국화
아름다운 산수화 그려내는 야생화 천국
북한강 청평호가 젖줄 되어주는 755m높이의 화야산

한라산 산길

백록담 가까이 오를수록 나무들은 한쪽을 향해 납작 엎드려 자연에 순응하며 살아가고 있는 한라산 정상에 서면 능선 따라 아득히 보이는 마을과 구릉지대 크고 작은 측화산(側火山)에는 다양한 희귀식물 희귀곤충이 서식하고

우도 마라도 추자도 가파도 비양도 등 작고 큰 섬들을 거느리고 있는 제주 한라산은 세계인들이 찾는 명산(名山) 국립공원이다

백록담 1,950m의 정상

영실쪽에서 시작한 산행 철쭉꽃 카메라에 담아 하산하며 윗세오름 대피소에서 갈등했다 양갈래 길 어느 쪽으로 하산할까 망설이다가 어리목쪽으로 선택 쏟아지는 햇살 온기로 한라산 하산 길 양지는 참 따뜻했네 온돌방처럼

1,700m의 윗세오름 대피소 갈리는 산길 바람의 촉감은 정 반대였지 그렇게 기세등등하던 바람은 어디 가고 순한 봄바람 봄 햇살 돌과 돌 사이를 흐르는 높지도 낮지도 않게 부르는 산의 노래 졸졸졸 물소리는 순하게 흐르고 산새는 장단 맞추어 노래 부른다

자유분방한 희귀곤충 부지런히 돌아다니고 희귀식물 꽃피

어 방실방실 산꽃 야생화도 곤충도 산새도 나도 행복했네,

잘 정돈된 비단길 지나 울퉁불퉁 돌길 층층대 가파른 내리막 산길 참 많이도 걸었지 카메라 배낭 무게 삼각대까지 끝이 보이지 않는 산길 얼마를 내려갔을까 거의 초죽음 상태 어리목주차장 가서야 숨 돌리고 살았음에 감사했다 쓴맛 단맛 보지 않고 어찌 인생의 참맛을 알 수 있을까 비바람 맞아보지 않고 맑음의 상큼한 맛 알까

등 뒤에서 밀치듯 부딪치고 달아나던 산바람, 쏟아지는 햇살 장단지 피부가 하얗게 허물을 벗고 있다 12일 전 한라산에서 입은 엷은 화상자국

나의 모험심 무모한 용감성 얼마나 더 나이 들어야 철들까 힘들었던 만큼 가슴깊이 남겨지는 방해 받지 않는 자유 자연과의 교감은 얼마나 행복하게 했던가 그건 홀로 산행이기에 가능했지 긴 시간 자연과 함께할 수 있어 좋았네

일상에서 벗어나 자연과 함께한 아름다운 추억 한라산 산길에서

여행이 주는 행복

푸른 물빛 섬진강 매화동산
긴 겨울잠에서 깨어나
부드러운 흙과 봄바람이 꽃 피우고
전국의 상춘객 불러들이고 있다

3월 춘설에
하얀 설산으로 듬직한 지리산
아랫마을은 따뜻한 온기로 활짝 핀 산수유꽃
노란 황금빛 물결 축제의 장이 열렸다

여행길 하루의 봄날이
얼마나 소중하고 아름다운지
잡다한 집안일이 발목을 잡는다 해도
오늘 받은 봄기운으로 나는 1년을 불평 없이
행복할수 있을 것 같다
되새김질 하듯 생각하고 또 생각하리 오늘의 행복을

봄나들이

연둣빛 들녘 뽀얗게 선 그리며
길게 이어지는 길섶에 꽃다지 냉이 씀바귀
민들레 제비꽃이 화사하게 치장하고
버들강아지 금빛 꽃술 자랑하는 시냇가
물살 가르는 송사리 떼 봄나들이 신이 났다

아지랑이 피어오르는 들녘 끝자락
몇 채의 촌가에 이르면 살구나무 꽃구름이 반긴다
살구꽃 낭자한 촌가의 지붕 위를 넘나드는
멧새 한 쌍 분주한 날갯짓 막 시작한 신혼사랑
산이건 들이건 강이건 봄빛으로 물들었다

작은 소망

겨울잠에서 깨어나는
잔설 비집고 살포시 고개 드는
들풀의 여린 모습과

꽃 소식 전해 줄 햇볕과 봄바람 벗삼아
들길 산길 강변 걸으리라
청아한 노랫소리 산새도 만나고
봄 햇살 반가워 눈뜨는 귀여운
버들강아지도 만나야겠지

시냇물 송사리 떼 물장구 물놀이
유년의 봄 풍경 찾아
숲속 오솔길도 걷고 싶네

여름 꽃 달맞이

아파트 화단을 수놓은
무궁화 봉숭아 접시꽃 백일홍
채송화 능소화 족두리풀 꽃
삼복더위에도 겁 없이 피는 무심한 여름 꽃

저녁이면 분단장 곱게 하고
방실방실 분꽃이 웃어주네
해 지면 피는 달맞이 꽃도 있지
밤새도록 달맞이 하고
해뜨는 아침 수줍어 고개 숙이는
달빛 닮은 달맞이꽃

부엌 뒷문 열면 장독대
백일홍 채송화 유난히도 고왔다
화초를 좋아하셨던 아버지
과수원 빈자리에
노란 달맞이 꽃도 심으셨지

코로나와의 전쟁에도

한 번도 같은 느낌의
계절 아니었지 봄 여름 가을 겨울
날씨 변덕 심하다지만
수시로 움직이는
사람 마음에 비유할 수 있을까

마음으론 안되는 게 없어
오늘도 별별 상상을 다하며 꿈을 꿉니다

코로나19와의 전쟁에도
계절은 약속이라도 한 듯 변함없이 흐르고
갈곳 많은데 코로나사태 끝은 어디인가
조심 또 조심하다 보면 좋은 날 오겠지

속리산

무더운 장마 중이지만
소나기 한 번 없이 햇빛 가려주는 구름과
계곡 시원한 바람이 있어 행복한 산길이었네

이름모를 산새 사람들 웃음소리
쉼 없이 들려오던 계곡물소리
도심 공해에 찌들었던 마음 씻고
자연을 마음에 채워왔네
선녀와 나뭇꾼 이야기가 떠올랐지
속리산국립공원 아름다운 산

외암리

시냇물살에도 잘 견디는 돌 징검다리가
물속에 잠길 듯 놓여 있고 위로는 나뭇가지로
엮은 섶다리가 걸려있지
돌다리 건너면 아득한 옛 풍경의 외암골 바라보는
오래된 솔밭동산 소나무숲에 옛 주인의 능(陵)을
아직도 지키고 있는 무인석(武人石)이 충성스럽게 서 있으며
장승 부부가 사이좋게 마을 지키며 서 있네

돌담 길가 계절 꽃 피고 초가와 고택이 어우러진
외암마을 중앙에는 당산나무가 장군처럼 듬직이 서 있고
봄날 뻐꾸기 애절한 노래 여름 날 개구리 소리
몇백 년 전 삶을 지금도 이어오는 외암마을 사람들
옛 향수 그리워 찾아가는 곳

아산 외암리민속마을 찾아가는 건
시골 풍경이 좋아 옛 향수 그리워서이네
서울에서 가까운 거리 여행의 즐거움 민속마을

꿈은

산촌의 계곡 물소리 벗삼아
버들강아지 햇살 반기는
시냇가 송사리 무리지어 물살 가르는
유년의 추억 찾아 들로 산촌으로 가리라

잔설 비집고 고개 드는 들풀의 여린 모습과
꽃 소식 전해 줄 햇볕과 바람 안고
청아한 산새 노랫소리 반겨줄
산길 들길 강변에서 자연을 즐기리

여름

태양과 공모하여 스며들지 않는 곳이 없네
도로를 점령하고 산과 들녘까지
빈틈없이 열기로 채워놓으려는 초록 세상
뜨거운 불가마 삼복더위도 지나가겠지

바람 몰고 와 급하게 쏟아 붓는 물세례
뜨거운 열기 식혀주는 하늘에 소방차(消防車)
갑자기 생긴 실개천 장난스런 여름 소낙비

태양의 양분으로 피는 여름 꽃
벌 나비 불러들여 꿀 잔치 여름 축제
어느새 사랑을잉태 했는지 풍성한 채소 풋과일

해 그림자 길어지는 날
갈바람이 점령군처럼 이곳저곳 누빌 때
풍년가 부르며 가을 마중하리라

새벽이슬 젖은 풀잎 사이 애잔한 선율은
귀뚜라미, 풀벌레의 이별 연주곡이었네

창호지 창살에 어른거리던 달빛
아~ 유년의 시절 그립네

사계절 중 제일 좋아하는 가을이라면
계절의 왕인 봄 서운해 하겠지

말에 대하여

새댁이 벙어린 줄 알았다고 했지만
옹알이 하는 아기와 대화
첫 아이 낳고 조금씩 말이 늘었다

나이만큼 말 많아지고 있지만
사람들 단점보다 장점을 찾아서
칭찬도 많이 하는 편이지

남편은 말을 참 잘해서
어쩌다 부부간 다툴 일 있으면
나의 생각이 옳았다 해도
말 때문에 내가 항상 고개 숙이지
내가 하면 어색한 식구 자랑도
남편이 하면 매끄러운, 훌륭한 홍보대사

봄 앓이

시골 파란 들판이 갑자기 보고 싶어졌다
곧 가버릴 것 같은 계절 아쉬워
한동안 길에 서서 눈감고 봄을 붙잡고 있었다
어디에서 오는 걸까 부드럽게 안기는 바람결
장바구니에 계절을 담았네 봄 과일 나물로

파란 초원의 햇살 들바람 풀냄새
예전의 뚜렷한 4계절 얼마나 아름다웠던가
한번 가버린 것은 다시 돌아오지 않을 것 같네

가슴 꽉 막히는 것 같은
생명체 위협하는 미세먼지 지구온난화
빌딩숲 도로의 자동차들 낯선 사람들 나는
도시에 갇힌 길 잃은 한 마리 새와 같다

삶과 책

힘든 일이 앞을 가로막았을 때
그것을 디딤돌로 희망 꽃으로
미래를 꿈꾸었네

코로나19에 갇혀
창살 없는 감옥 같았지만
평생지기 건강 챙겨주기 전력을 다한 몇 년
자유 대신 주방과 컴퓨터 앞에서
틈틈이 글쓰기로 위안 받았네
오늘의 장마철도 곧 지나가겠지

겨울 산사

계곡 바위 틈 얼음장 밑으로
조심스럽게 흐르는 물소리 산골짜기
봄 오는 반가운 소리다

외로운 산길 따라 졸졸졸 물소리
봄부터 겨울까지 4계절 제자리 지키는 야생초 풀뿌리
자연의 신비가 북한산 자락 계곡에 있네

도선사의 겨울
산중 해는 참 빨리 진다
높은 산 봉오리 걸렸는가 싶더니
해는 금방 숨어버리고 스님 목탁 소리
산중에 음악처럼 울려 퍼진다

조용한 산사의 뜨락에서
가족 위한 새해 복을 기원하며

만남과 이별

따뜻하고 포근한 어머니 뱃속에서
세상 밖으로 나오는 순간부터
만남과 이별 번복되며 일생을 보내게 된다

삶의 고달픔 기쁨과 슬픔 허전함
때로는 홀가분함도 스치고 지나가는 추억이며
숙명적(宿命的)인 것

전생과 이승
후세(後世)에 환생(還生)하고 또 환생하여
수레바퀴처럼 돌고 돌며 만남과 이별은 번복되는 걸까
눈 깜짝할 사이 계절은 바뀌고
습도 바람의 촉감 피고 지는 계절 꽃
보고 듣고 느끼고 얼마나 아름다운 일인가

봉숭아 꽃물

여름 정원이 환해졌다
부끄러워 고개 숙인 땅나리꽃
매년 반갑다고 방긋방긋 접시꽃
수줍은 봉숭아도 피었네

여름밤 어머니는 어린 딸 작은 손톱에
소복소복 봉숭아꽃물 올려놓고
피마자 잎으로 동여매어 꿈길 들게 했지
첫눈 내릴 때 꽃물 손톱에 남아있으면 소원 이룬다고
여린 작은 손가락 아려와도 기도했네
봉숭아꽃물 잘 들게 해달라고

눈부신 아침햇살 손톱에 빨갛게 핀 봉숭아
세상 부러울 게 없는 소녀의 얼굴
꽃으로 환하게 피었네
여름 지나 늦가을 손가락 끝 매달린 손톱 달
유년의 뜰에 수줍음으로 피었던 추억의 봉숭아

한 권의 책이 나오기까지

힘든 일이 앞을 가로막았을 때
그것을 디딤돌로
희망 꽃으로 미래를 꿈꾸었네

코로나19 사태 갇혀
창살 없는 감옥 같았지만
남편 건강 챙겨주기
온 힘을 다한 몇 년

자유 대신 주방과
컴퓨터 앞에서 틈틈히 글 쓰기

출판 편집부 수고와 정성으로
만들어지는 책 發刊 기다림의 시간 설렘과 기쁨
눈시울 젖어드는 날은
평범한 삶도 고마워서이네

이수옥 시집_ 꽃 피는 날에

초판 인쇄 | 2022년 8월 25일
초판 발행 | 2022년 8월 30일

지 은 이 | 이수옥
발 행 인 | 이광복
편집국장 | 김밝은

펴낸곳 | 사단법인 한국문인협회 月刊文學 출판부
주소 | 서울시 양천구 목동서로 225 대한민국예술인센터 1017호
전화 | 02-744-8046~7
팩스 | 02-743-5174
이메일 | klwa95@hanmail.net
등록 | 2011년 3월 11일 제2011-000081호
ISBN 978-89-6138-485-8 03810

값 10,000원